LES GALANS RIDICVLES.

OV LES AMOVRS DE GVILLOT ET DE RAGOTIN.

Comedie representée sur le Theatre Royal du Marais.

A PARIS,

Chez PIERRE BIENFAIT, deuant
la Sainte Chapelle à l'Image
Saint Pierre.

M. DC. LXII.

Auec Priuilege du Roy.

A MADMOISELLE

M. M.

ADMOISELLE,

Il faut que ie vous auoüe que iamais homme ne se trouua plus embarassé que ie le fus, lors que i'entrepris de vous adresser cette Comedie, parce que vous la donner c'est la donner à tout le monde, & que vous meritez sans

EPISTRE.

doute quelque chose de plus particulier, n'ayant rien en vous que de fort extraordinaire, estant incomparable en tout comme vous estes : Cependant ie me trouue contraints de faire comme les plus grands hommes ont fait, qui faisant imprimer leurs escrits, ce qui les rends communs à tous, se sont tousiours seruy des termes de, ie vous les offre, ie vous les donne, ie vous les dedie, ie vous les consacre, comme si ne les eussent donnés qu'à une seule personne, & pourtant vous voyés que c'est en faire un

EPISTRE.

preſent à toute la nature ; c'eſt
pourquoy i'aurois bien voulu
trouuer quelque autre moyen,
afin que cette Comedie pût-
eſtre à vous ſeule : Outre que
i'aurois eu bien de la ioye qu'il
n'y eut eu que vous à vous
railler de moy & de mes ou-
urages, ſans eſtre encor expoſé
à la cenſure de tout le monde, mais ce qui me conſole en
cecy eſt, que ie me ſuis rail-
lé de moy-meſme le premier,
ainſi cela ne me ſurprendra
point ; peut-eſtre me direz-
vous que ce que ie dis eſt ridicule, i'en demeureray d'acord,

A iij

EPISTRE.

&c comme ma piece se nom-
me les Galans Ridicules, ie
pretends que tout s'ensuiue, &
que l'Espitre ne déroge point à
l'ouurage ; Au reste si les Co-
medies sont bonnes quand elles
font rire, ie puis dire que cel-
le-cy n'est pas mauuaise : mais
comme quelquefois ces sortes de
choses excitent à rire à force
d'estre meschantes , ie ne sçay
ce que i'en dois croire , quoy
qu'il en soit , ie vous la don-
ne comme si elle estoit meilleu-
re , vous asseurant que si i'euf-
se pû faire vn chef-d'œuure il
vous eust esté presenté auec au-

tant de zele & d'affection que
cette petite piece vous est offerte
par

Vostre tres-humble, & tres-
obeïssant seuiteur,
CHEVALIER.

LES ACTEVRS.

LE DOCTEVR pere D'ANGE-
LIQVE.

Le Comte GVILLOT amant
D'ANGELIQVE.

Le Baron de la TOPINIERE amant
D'ANGELIQVE.

ANGELIQVE fille du DOCTEVR.

BEATRIX seruante D'ANGELI-
QVE.

RAGOTIN valet de GVILLOT
& amant de BEATRIX.

TARASQVIN valet du Baron
de la TOPINIERE.

La Scenne est au logis du Docteur.

LES GALANS
RIDICVLES,
ou les Amours,
DE GVILLOT
ET DE RAGOTIN.

Comedie representée sur le Theatre
Royal du Marais.

SCENNE I.
LEANDRE, BEATRIX.
LEANDRE.

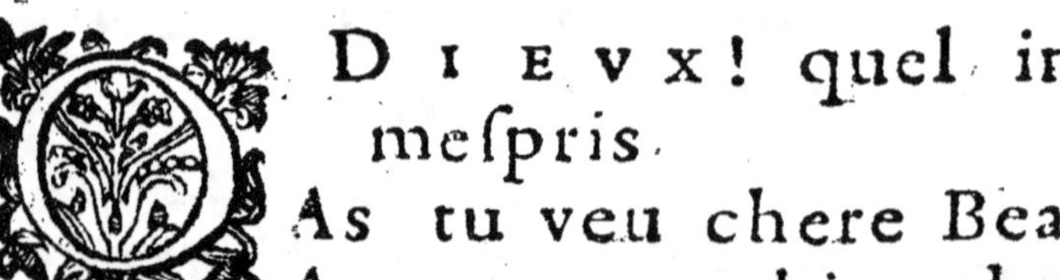

Dɪᴇᴠx! quel iniuste
mespris.
As tu veu chere Beatrix,
Auecque combien de furie

C v

D'emportement, de barbarie,
Le pere de ce digne obiet
Ma sçeu quereller sans suiet,
Quand i'esperois par mon homage
Cette merueille en mariage,
Bien loin d'auoir cette beauté
Tu voy comme il ma rebuté,

BEATRIX.
Leandre i'ay veu cette chose
Mais enfin qu'elle ne vous cause,
Aucun suiet d'estre allarmé
Estant parfaitement aimé,
Car vous sçaués que ma maistresse
A pour vous beaucoup de tendresse,
Donc au lieu de vous affliger
Songés à ne rien negliger,
Pour trouuer les moiens de plaire
A cet esprit bouru de pere,
Et dedans ce moment fatal
Faites le bien contre le mal,
Lors qu'il vous monstre son caprice
Tachés à luy rendre seruice,
Espiés en l'occasion
Par fois vne belle action,
Donne aux choses vne autre face,

LEANDRE.

Ah! Beatrix ie te rends grace,
Oüy depuis que tu m'as parlé
Ie me treuue vn peu confolé,
Ie vay dont faire mon poffible
Pour feruir ce pere infenfible,
Cherchant s'il fe peut le moyen
De faire de mon mal vn bien,
Toy Beatrix, pres de ma belle
Iufqu'à la fin fois moy fidelle,
Moy ie feray de mon cofté

BEATRIX.

Ne foyés plus inquieté,
Et mettiez en repos voftre ame
Vous l'aurés auioud'huy pour fem-
    me,
Mais quelqu'vn s'en vient en ce lieu
Faites ce que i'ay dit.

LEANDRE.   à dieu.

SCENNE II.

GVILLOT, RAGOTIN.

Ragotin l'amour me tourmente
Ie brule d'vne flame ardente.,
Depuis que certain œil vainqueur
A mis le feu dedans mon cœur,
En vn mot c'eſt l'œil d'Angelique
Qui me perturbe & qui me pique,
Oüy ce petit fripon d'obiet
A pris mon ame au trebuchet,

RAGOTIN.

Il eſt vray qu'Angelique eſt belle
Mais vous n'eſtes par moins beau
   qu'elle

GVILLOT.

Et bien Ragotin que dis-tu
De l'habit dont ie suis veſtu,
La petite oye eſt elle belle
Pour empomer la Damoiſelle,
Et croy tu qu'auec tant d'apas

La

La drolesse n'en tienne pas,
Le Comte de la Guillotiere
Luy va donner dans la visiere,
Et d'abort qu'elle me verra
Dieu scayt si l'amour la prendra,
De mesme qu'il ma bien sceu prendre
Mais peut on resister au tendre,
Ce diable de tendre est facheux
Et qui s'en pare est bien heureux,

RAGOTIN.

Pour moy ie croy que qui s'en pare
Possede vn secret grand & rare,
Et si le pauure Ragotin
S'en paroit, Il seroit bien fin,

GVILLOT.

Quoy le mesme mal te tourmente.

RAGOTIN.

Monsieur i'en tiens pour la suiuante,
Et cette traistresse aux yeux doux
A mis aussi le feu chés nous,

GVILLOT.

Nous voila donc bien à nostre aise
Moy tout de feu, toy tout de braise
Nous ne chercherons point l'Enfer
A dessein de nous y chauffer,
Ie croy que nos ardeurs extremes

B

Consommeroient les diables mesmes,
Et qu'en nous voyant ces demons
Se transformeroient en charbons,
Mais qu'ils bruslent qu'ils se rotissent
Qu'ils consomment, qu'ils s'englou-
    tissent,
Qu'ils gelent qu'ils soiét tout glaçons
Tout cela i'en dis, des chançons,
Pourueu que ma chere maistresse
Montre pour moy quelque tendresse,
Et que la belle à mon abort
Puisse estre auecque moy d'acort,
Car i'aurois l'ame mal contente
Si ma femme estoit discordante,
Ainsi pour nous bien accorder
Il faut que tu l'aille aborder,
Voy donc ce qu'il faut que tu faces
Pour me mettre en ces bonnes graces,
Va t'en luy dire de ma part
Que c'est & sans fainte & sans fart,
Que le braue & l'illustre Comte
En tient pour elle pour son Comte,
Que quand nous nous assemblerons
Qu'ensemble enfin nous conterons,
Et que pour la faire Contesse
Ie viens la voir auec vitesse,

Quelle ſcait ſi fort eſclater
Que ie ne puis ou mieux conter,
Si bien que ie veux quelle conte
Auec moy ſans aucune honte,
Car en ne voulant pas conter
Ie pourrois bien me meſconter,
Par ce qu'en contant ſans ſon hoſte
Bien ſoüuent l'on ſe trouue en faute,
C'eſt pourquoy l'on dit d'vne voix
Que ſans hoſte on conte deux fois,
Ie veux donc conter auec elle
D'vne façon toute nouuelle,
Puis que c'eſt vn conte amoureux
Qu'il nous faudra vider tout deux,
Va la voir pour me ſatisfaire
                RAGOTIN.
Moy Monſieur i'ay mon conte à
    faire,
Depuis que ie ſuis auec vous
Ie n'ay pû receuoir deux ſouls,
                GVILLOT.
Tu te plains la Ragotiniere
                RAGOTIN.
Oüy Monſieur de la Guillotiere,
                GVILLOT.
Ie conteray ie te promets

                          B ij

RAGOTIN.

Oüy, mais vous ne payés iamais,
Vous contés auec grand delice
Mais payer n'est pas vostre vice,

GVILLOT

Ragotin tu me fais affront.

RAGOTIN.

On fait payer à qui respont
Ne respondés pas dauantage

GVILLOT.

Va t'en donc faire le message
Dont n'aguere ie t'ay prié.

RAGOTIN.

I'iray quand vous m'auray payé.

GVILLOT.

Ragotin voy que ie m'enflame
Veux tu laisser griller mon ame,
Parmy mille brulants transports
Qui me vont fricasser le corps,

RAGOTIN.

Vostre amour n'est pas plus ardente
Que la mienne est pour la suiuante,
C'est pourquoy rottissons, grillons,
Consommons, bruslons, petillons,
Que tout le feu de la nature
Tombe dessus nostre fresure,

Quand nous deuiendrions plus fecs
Que les harans les plus forets,
Qu'amour nous reduiroit en poudre
Vous ne me pourriez pas refoudre,
A rien faire qu'ayant mon fait
GVILLOT.
Ah, quel obftiné de valet,
Il nous laifferoit tous deux cuire
Tous deux fecher & tous deux frire,
Si ie ne le rendoit content
Il faut luy donner de l'argent,
Tien Ragotin voila tes gages
RAGOTIN.
Maintenant pour touts vos meffages,
Vous n'aués qu'à me commander
GVILLOT.
Va dont promptement aborder,
La voleufe de ma franchife
Car la brigande me la prife,
Enfin tu luy feras fçauoir
Que ie suis tout gros de la voir,
Tient donc toute prefte ta langue
A luy faire cette harangue,
Heurte à fa porte la voila
RAGOTIN.
Hola belle Angelique hola,

B iij

SCENNE III.

BEATRIX.

Que vous plaist il de ma maistresse
RAGOTIN.
Ie voudrois luy parler traitresse,
BEATRIX.
Pourquoy m'appeller de ce nom
RAGOTIN.
Excuse moy petit tendron,
Malade de ma maladie
On peut bien dire vne folie,
Et de la dire i'ay bien lieu
Puis qu'vn petit Diable de Dieu,
Cet amour où plustost ce traitre
Ma fait en te voyant paroistre,
Apeller de cette façon
Comme il vse de trahison,
Quel la filouté le cœur nostre
Ie vous auoit pris l'vn pour l'autre,
Tu resemble à ce friponneau

Tout ainsi que deux goutes d'eau,
Mais loin de t'appeller traistresse
Ie te veux nommer ma deesse,
Belle deesse mon soucy
Fais venir ta maistresse icy,

BEATRIX.

Mais pourquoy, que veux tu luy dire?

RAGOTIN.

Pour luy declarer le Martire,
De Monsieur le Comte Guillot
Dont ie suis le valet Ragot.

BEATRIX.

Le Comte de la Guillotiere

RAGOTIN.

Oüy.

BEATRIX.

I'y vay la Ragotiniere,
Madame on vous demande en bas.

SCENNE IV.

ANGELIQVE, BEATRIX,
RAGOTIN.

Malle peste qu'elle à d'apas,
Ma foy la maistresse me tente

Tout autant comme la ſuiuante,
Et quand ie les vois toutes deux
Ie ne ſçais ou porter mes veux,
Contentons nous de la Soubrette
La maiſtreſſe eſt ſans doute faite,
Pour mon Maiſtre il la doit auoir
Sa faiſons dont noſtre deuoir,
Madame ſi mon éloquence,
Ce deſploye en voſtre preſence,
C'eſt que mon Maiſtre eſt de vos
    yeux
Comme de vous fort amoureux,
Mais c'eſt vn amour ſans ſemblable
Il vous aime comme le diable,
Il dit qu'il vous poſſedera
Ou que Belſebu vous aura,
Et qu'en fin s'il ne vous poſſede
Qu'il s'en va pour dernier remede,
Se precipiter loin de vous
Entre deux draps de lin bien doux,
ANGELIQVE
Pourquoy dire cette ſotiſe

SCENNE V.

ANGELIQVE, BEATRIX,

RAGOTIN.
GVILLOT. *sort du coin du teatre ou il estoit caché.*

MA belle excusez la franchise,
Ragotin venoit en ce iour
Pour vous descouurir mon amour,
Mais sa mal adroite personne
Ne sçait pas comme l'on raisonne,
Car alors qu'il faut raisonner
Il faut bien ratiotiner,
Et quand bien l'on ratiotine
La raison en est bien plus fine,
Ainsi raisonnant comme il faut
On na le raisonnement haut,
Or donc la raison raisonnante
D'elle mesme est fort eloquente,

Et comme enfin cette raison
N'a rien en elle que de bon,
Concluons qu'eſtant admirable
La raiſon eſt bien raiſonnable,
           RAGOTIN *chantant*
Et con cluons par nos raiſons
Qu'il faut quitter l'eau de la Seyne
Pour les bateaux & les poiſſons,
           GVILLOT.
Ragotin voulés vous vous taire?
           RAGOTIN.
Que chacun face ſon affaire,
           GVILLOT.
Rare obiet qui me perturbez
           RAGOTIN.
Oeil coquereau qui m'enbourbez,
           GVILLOT.
Ie te deffens de plus rien dire
           RAGOTIN.
Ie veux declarer mon martire,
           GVILLOT
Finirés vous bien toſt Ragot?
           RAGOTIN,
Monſieur parlés a voſtre eſcot,
Ie parle icy des amour noſtres,
Vous pouués la parler des voſtres,

RIDICVLES.

Vous en aués permiſſion
Pouſſés donc voſtre paſſion,
Moy ie m'en vay pouſſer la mienne
Ah, s'il faut qu'vn iour ie te tienne...

GVILLOT.

A la fin ie me faſcheray
Ragot ie vous eſtrilleray,

BEATRIX.

Tay toy, laiſſe parler ton Maiſtre

GVILLOT *à Angelique*

Pardonnés ſi i'oſe paroiſtre,
A vos yeux les plus grands fripons
Et d'amour les plus grands tiſons,
Qui ſoient dans le reſte du monde
Ils m'ont ou ie veux qu'on me tonde,
Emmouraché d'vne façon
Que i'en ay l'ame au court boüillon,
Le pauure foye à la compotte
La freſure à la matelotte,
Et le cœur en vn tel ragouſt
Qu'il peut contenter voſtre gouſt,
Vous eſtes, ie me donne au diable
Vne perſonne incomparable,
Et la nature ſur ma foy
Vous a faite digne de moy,
Ah, trop aimable pechereſſe

Si vous deuenés ma Maiſtreſſe,
Qu'en ſatisfaiſant mon deſir,
Vous m'alés donner de plaiſir,
Car vous aués vne preſtance
Qui porte à la concupiſcence,
D'abort que ie vois vos apas
Vous me mettés dans des eſtats,
Mais des eſtats ſi pitoiables
Qu'en voyant vos yeux adorables,
I'en ſerois quitte à bon marché
Si i'en ſortois pour vn peché.
Vos yeux m'ayant mis de la ſorte.
Ont cauſé qu'icy ie m'aporte,
Pour voir ſi vous trouuerez bon
Que nous faſſions conionction,
En mariant nos deux perſonnes
Reſpondés la bonne des bonnes,

ANGELIQVE *bas le*
(premier vers

O le ridicule Amoureux
Monſieur i'a prouue fort voseux ,
Mais comme ie deſpens d'vn pere
Ie le faut voir pour cette affaire,
Ie penſe qu'il s'en vient icy
Dieu me garde d'vn tel mary,
SCENNE

SCENNE VI.

GVILLOT, RAGOTIN, ANGELIQVE, BEATRIX, LE DOCTEVR.

ALlons chez nous bonne hipocrite
Vous auſſi bonne chatte mitte,
Qui ne faite, que mugueter
Que iazer & que quoqueter,
Quaquet bon bec poulle à ma tante
Et la maiſtreſſe & la ſuiuante,

SCENNE VII.

GVILLOT, RAGOTIN. LE DOCTEVR.

ET bien que vous plaît il Monſieur

GVILLOT.

Ie suis venu braue Docteur ------

LE DOCTEVR.

Ie suis venu, c'est vne fraze
Qui met mon ame dans l'extaze,
Car vous ne pouuiez estre icy
A moins que d'y venir aussi,

GVILLOT.

Vous sçaurés que ce qui m'ameine

LE DOCTEVR.

Sçachés auant que ie l'aprenne,
Que c'est fort bien dit vous sçaurés
Vous oyrés, vous escoutés,
Par ce que pour faire comprendre
Il faut auant ce faire entendre,

GVILLOT.

Entendés moy dont s'il vous plaist

LE DOCTEVR

Tout incontinent i'y suis prest,
Mais souffrés que ie vous aduouë
Que vous merités qu'on vous louë,
Quand vous demandés humblement
Audiance pour vn moment,
S'il vous plaist est vn si beau terme
Que ie vous entens de pied ferme,

GVILLOT.

Monfieur ie vay dont commencer

LE DOCTEVR.

Auant que plus outre paffer,
Vous permettrés que vous die
Que ce mot à grande energie,
Ne dit on pas communement
Telle fin tel commancement,
Vn commancement admirable
Et fuiuy d'vne fin femblable,
Donc on ne doit commancer rien
Qu'à deffein de le finir bien,
Et de plus iamais éloquence...

GVILLOT.

Permettés vous que ie commance,

LE DOCTEVR.

Oüy Monfieur ie vous le permets :

GVILLOT

Ne commenceray ie iamais,

LE DOCTEVR.

Commencé dont voftre harangue

GVILLOT.

Que le Diable emporte ta langue,

LE DOCTEVR.

Commenceray vous voftre point

GVILLOT.

Et toy ne finiras tu point,
Comment veux tu que ie commence,
Si tu trouble mon eloquence,

LE DOCTEVR.

Ie preste silence, parlés

GVILLOT.

Sçachés que mes sens sont brulés
Aprenés - - - -

LE DOCTEVR.

Comment que i'aprenne,
Esprit grossier ame mal seine,
Aprenés, ne sçay tu pas bien
Qu'vn Docteur n'ignore de rien,
Que toutes les plus rares choses
Dedans moy sont toutes encloses,
Que ie passe chez les sçauans
Pour vn miracle de mon temps,
Qu'il n'est point d'esprit qui necede
Aux sciences que ie possede,
Dont sçachant tout de bout en bout
Qui dit Docteur veut dire tout,
Et tu me vient dire d'aprendre

GVILLOT.

Ah, que ne te puis ie voir pendre,
Ie vous veux dire que l'amour

Est cause-- --

LE DOCTEVR.

Que tu vois le iour,
Que par luy seul tu tien ton estre
Que sans luy tu ne pouuois naistre,
Que c'est luy qui nous fait aimer
Qu'il sçay l'art de nous emflamer,
Et qu'encor qu'il ne voye goute
Il nous sçay conduire à la route,
Qu'il faut suiure pour les plaisirs
Animant nos plus chers desirs,
Il fait palpiter nostre foye
Il meine au seiour de la ioye,
Enfin par ce diuin enfant
On ce voit souuent triomphant,
De l'aimable obiet qui nous charme
Et pourtant luy seul nous desarme,
Et quand on se voit triomphant
On ne le doit qu'à cette enfant,
Oüy cet aueugle qui nous guide
Donne de l'esprit au stupide,
Il fait que le plus ignorant
Pres d'vne maistresse est sçauant,
Et qui rend toutes nos parolles
Plaine d'illustres hiperbolles,

GVILLOT.

Ah, ceſt trop hiperboliſer
Ie m'en vois a mon tour iazer,
Scachés que la belle Angelique

LE DOCTEVR.

Si c'eſt ſa beauté qui vous pique,

GVILLOT.

Comment dont ie ne diray rien
L'amour -- --

LE DOCTEVR.

Ainſi qu'il fait du bien,
Il fait du mal & de la peine
Et met noſtre cœur à la gene,
Il porte nos intentions
Souuent aux baſſes actions,
Il nous preſente des abimes
Qui nous font tomber dans les cri-
    mes,
Et bien ſouuent nous y tombons
Alors que moins nous y penſons,

GVILLOT

Parleras-tu toute ta vie,

LE DOCTEVR.

Non ma fraſe eſt bien toſt finie,
Ie ne vous diray plus qu'vn mot
Scachés braue Comte Guillot

GVILLOT

Scachés Docteur qui n'en sçay guerre
Que ta langue est vne harangere,

LE DOCTEVR

Scachés - - - -

GVILLOT.

Ie ne veux rien sçauoir

LE DOCTEVR

Voyés donc - - - -

GVILLOT

Ie ne veux rien voir,

LE DOCTEVR.

Comprenés - - - -

GVILLOT

Ny mesme comprendre

LE DOCTEVR

Aprenés - - - - - -

GVILLOT

Que peux tu m'aprendre,

LE DOCTEVR

En toutes choses d'exceller

GVILLOT

Bourreau ie ne veux que parler,

LE DOCTEVR

Parlés ie suis tout prest d'entendre

GVILLOT.

I'atens------

LE DOCTEVR.

Vous pouués tout attendre,
GVILLOT

I'espere------

LE DOCTEVR.

Esperés tout de moy
GVILLOT

Croyés---

LE DOCTEVR.

Fort aisement ie croy,
GVILLOT.

Pensés------

LE DOCTEVR.

Ie sçay ce que ie pense
GVILLOT.

Donnés------

LE DOCTEVR.

Ie vous donne audiance,
Ainsi que vous l'aués voulu,
GVILLOT.

Dit moy traistre as tu resolu,
De m'estourdir en cette place
LE DOCTEVR.

Enfin mon silence se lasse,

Vous parlés trop Monsieur Guillot

GVILLOT.

Ie veux - - - -

LE DOCTEVR.

Vous ne diray plus mot,
Il faut qu'à mon tour ie m'explique

GVILLOT

Iaime voftre fille Angelique,

LE DOCTEVR

Quoy c'eft l'obiet de vos fouhaits
Touchés, vous ne l'auray iamais.

* * * * * * * * * * * * * * *

SCENNE VII.

RAGOTIN

GVILLOT

Nous voila bien dans nos af-
faires,

RAGOTIN

Nos maux font extraordinaires
Iamais ie ne vis tel parleur,

GVILLOT

Ah! quel enragé de Docteur,
Et quel grand cracheur d'epigrâme
Il ma pensé vomir son ame,
Au nez dans son chien d'entretien
Pour vn Docteur qui ne sçay rien,
Il fait valoir vne sotise
Comme vn Docteur qui doctorise,
Mais pourtant en doctorisant
Il ma rendu fort mal content,
Le diable emporte sa doctrine
Luy mesme & sa maudite mine,
De m'auoir ainsi refusé
Lobiet dont ie suis embrasé,
Et celle ou tout mon soin s'aplique

SCENNE VIII.

Le Baron de la TOPINIERE,
TARASQVIN, GVILLOT,
& RAGOTIN.

LA TOPINIERE.

OVy i'ayme l'illustre Angelique,
Et quiconque en aprochera

Il est certain qu'il perira,
Ie m'en vay luy couper la trame
Et puis ie luy mangeray l'ame,
     GVILLOT se cachant.
Ou me suis ie venu fourer
          RAGOTIN.
Monsieur on nous va deuorer,
Nous sommes à la boucherie
     LA TOPINIERE.
Si quelqu'vn dedans ma furie,
Ose se presenter à moy
Sans doute il en mourra d'effroy,
Me voila dedans vne rage
Qui va faire de tout carnage,
Où sont ils tous ces amoureux
Qui cherchent l'obiet de mes veux,
Afin que sur eux mon espée
Atrape sa franche lipée,
     TARASQVIN.
Mais qui s'oseroit presenter
A vous qui sçaués tout dompter,
     LA TOPINIERE.
Le Comte de la Guillotiere
Esprouuera mon humeur fiere,
     TARASQVIN
Pour Monsieur son valet Ragot

Ie luy veux couper le gigot,
Et le mettre sur la litiere
RAGOTIN
Adieu pauure Ragotiniere,
Quel horible coupe iaret
GVILLOT.
Ragot tel Maistre tel valet,
LA TOPINIERE.
Qui va la.
RAGOTIN.
Monsieur ie trepasse
LA TOPINIERE.
Allons viste faisons mains basse,
Tuons tout, massacrons, brisons,
Rompons, cassons, exterminons,
Esgorgons, mettons tout par terre
Liurons à tous amans la guerre,
Ie veux d'vn regard plain d'horreur
Les immoler à ma fureur,
Que la moindre de mes conquestes
Soit d'abattre cent mille testes,
De couper & iambes, & bras
Ce sont là mes petits combas,
Mon courage estant sans mesure
Ie deffais toute la nature,
Quand ma valeur lance ces traits

Et

'Et quand ie veux ie la refais,
 Mais quelque vaillant qu'on puiſſe
   eſtre
 L'amour eſt touſiours noſtre Maiſtre,
 Puis qu'on ſe rend ou toſt ou tart
 A ce petit chien de Baſtart,
 Voy donc celle qui tient mon ame
 Dis luy que ſon aſpect m'enflame,
 Et que ie ne puis viure heureux
 Qu'alors que ie vois ces beaux yeux,
 Son port, ſon air, ſa bonne mine
 Cette douceur qui m'aſſaſſine,
 Enfin tous ſes charmes diuers
 Qui font que ie ſuis dans ces fers,
 Va voir ſi la belle eſt viſible
 Mon cœur eſt percè comme vn crible,
 De la pointe de ſes atraits

TARASQVIN *l'appellant*
Hola miracle des obiets,
ANGELIQVE.

Que veut on.
TARASQVIN.

Beauté printanniere
Le Baron de la Topiniere,
Deſire vous voir vn moment
                    D

SCENNE IX.

ANGELIQVE

IE vais à luy presentement,
LA TOPINIERE
Aprochés doux charme des charmes
Comme on vous doit rendre les
    armes,
Le fenix de tous les guerriers
Vient mettre à vos pieds ses lauriers,
Mon bras plus craint que le tonnerre
Ma sceu gagner toute la terre,
I'ay tout soûmis à mon couroux
Il ne reste donc plus que vous.
Mais vostre beauté sans seconde
Est plus forte que tout le monde,
Pourtant telle que vous soyés
Il faudra que vous sucombiés,
Car me voyant la plus cruelle
Peut dire quelle en à dans l'aille,
Iugés donc si vous en tiendrés

Des que vous me regarderés,
ANGELIQVE
Ie me donnerés bien de garde
De vous, quoy que ie vous regarde,
Eussiés vous cent fois plus d'apas
Baron vous ne me tenés pas.

SCENNE X.

GVILLOT, RAGOTIN

TRRASQVIN, la TOPINIERE

GVILLOT.

IE crains qu'il ne quitte pas pri-
se
LA TOPINIERE.
Ie crains icy quelque surprise
TARASQVIN.
Ie crains quelque coups de baston,
GVILLOT.
Euitons la contusion,

D ij

S'il se peut en faisant le braue,

RAGOTIN.

Songès que ie suis voſtre esclaue;
Et que ſi vous faites le ſot
A Dieu, vous & voſtre Ragot,
Ce Baron de la Topiniere
Eſt vn rude traine rapiere,
Nous aurons icy du qu'as tu

GVILLOT.

Tu ne ſeras iamais batu,
En la preſence de ton Maiſtre

RAGOTIN.

Vous fuirés des premiers peut eſtre,

GVILLOT.

Tu m'as bien la mine ie croy
De fuir auſſy toſt comme moy,

TARASQVIN.

Ah, Monſieur le Baron ie tremble
Et croy que nous tremblons en-
ſemble,

LA TOPINIERE.

Ie ne tremble pas mais i'ay peur
Ah, que n'ay ie vn peu plus de cœur,

GVILLOT.

Que n'ay ie vn peu plus de courage
L'on me verroit faire carnage,

TARASQVIN.

Pour éuiter ces carnaffiers
Ie m'en vay fuir tout des premiers,

LA TOPINIERE.

Ne croy pas qu'icy ie demeure
Ie vay fuir auffi tout à l'heure,

* * *

SCENNE XI.

RAGOTIN.

DE peur par moy d'eftre affailly
Comme il ont hapé le tailly,

GVILLOT

Quand on voit ma mine cruelle.

RAGOTIN.

Ils ont enfillé la venelle,
Mais s'ils reuenoient fur leurs pas

GVILLOT.

Ie croy qu'il ne reuiendrons pas,
Que ferons nous?

RAGOTIN.

Ie viens d'aprendre

Que Monsieur le Docteur est ten-
dre,
Sur l'article de bien chanter
Il faut donc l'experimenter,
Chantant tous deux comme des an-
ges
Faisant d'admirables meslanges,
De nos voix, pour toucher le cœur
De ce vieil barbon de Docteur,
Peut estre que nostre musique
Vous pourra gagner Angelique,
Cherchons donc vn air, prompte-
ment
Et chantons methodiquement,
　　　GVILLOT.
Mais quel air dirons nous, regarde
　　　RAGOTIN.
Monsieur nous dirons la guinbarde,
　　　GVILLOT.
Que veux tu dire esprit bouru
　　　RAOGTIN.
Nous dirons donc l'enturlu,
　　　GVILLOT
N'en sçay tu pas vne délite
　　　RAGOTIN. *dit l'air de*
toutes les chanfons qui nomme

RIDICVLES. 43

N'aués vous point veu Marguerite
GVILLOT.
Tu ne ſcay point d'autre chançon
RAGOTIN.
Diſons, helas Iean helas don
GVILLOT
Va ta forte fieure quartaine
RAGOTIN.
Ou bien, turlututu renguene
GVILLOT
Ragot vous me deſplaiſés fort
RAGOTIN.
Leandre eſtoit deſſus le bort,
GVILLOT
Sont cela des chanſons nouuelles
RAGOTIN
Les plus vieilles font les plus belles,
Mais vous ne trouués rien de bon
Voulés vous vn quand dira ton,
GVILLOT
I'en veux vne toute nouuelle
RAGOTIN
Qui eſt celuy la qui m'apelle,
GVILLOT
Il faut qu'il ait l'eſprit perdu
D iiij

RAGOTIN

Ah, i'en scais vne d'vn pendu,
Qui va bien estre vostre affaire

GVILLOT

Ragot si tu ne te veux taire,
Ie te donneray mille coups

RAGOTIN

Petite brunette aux yeux doux,

GVILLOT.

Tu ne te tairas pas, i'enrage

CALOTIN

Ie n'en diray pas dauantage,

GVILLOT.

Laisse moy parler vn moment

RAGOTIN

Autant en emporte le vent,

GVILLOT

Chanter encor ame indiscrette

RAGOTIN

L'autre iour dame Guillemette

GVILLOT

Le traistre est aussi grand chanteur
Que le Docteur est grand parleur,
Va que la tempeste t'entraisne
Docteur de la Samaritaine,
Sans toy i'auray bien la vertu

D'en faire vne belle impromptu,

RAGOTIN.

Nous la chanterons donc enfemble

GVILLOT

Tu ne dis pas fi bon me femble,

RAGOTIN

Il vous femblera bon ou non

Ie veux eftre de la chanfon,

GVILLOT

Attens, ie croy que i'en tiens vne

RAGOTIN

Elle ne fera pas commune,

GVILLOT

Tu n'as qu'a me fuiure Ragot

RAGOTIN

Commancez donc le premier mot,

GVILLOT *commence la*
moitié du couplet feul, & Ragotin
& luy le chantent enfemble.

GVILLOT.

Chançon.

Chere friponne d'Angelique
Mouche quoquine qui me pique,
Vous aués excroqué mon cœur
Efcornifleufe de mon ame
Obiet aimable fuborneur,

Il faut que Guillot vous entame,
RAGOTIN.

Nous venons de chanter la voftre
Chantons donc s'il vous plaift la
noftre,
GVILLOT.

Allons Ragotin ie le veux
RAGOTIN.

Ah, ie la tiens par les cheueux,
Ie commence fi bon vous femble
Et puis nous chanterons enfemble,
RAGOTIN *en dit la moitié*
feul, puis il la difent enfemble.

Vous aués ma Beatrix
Plus de puffes qu'vn chat gris,
Et fi vous ne m'aimiés bien
Par ma foy ie vous fouhaite,
Bien toft la galle de chien.

SCENNE XII.

LA TOPINIERE, TARASQVIN.

LA TOPINIERE.

Il faut qu'ils meurent tout de bon
RAGOTIN.
Voicy bien vn autre chanson,
Monsieur souffrés que ie reculle
Ie vous laisse faire l'erculle,
GVILLOT.
Ragotin ne me quitte pas
RAGOTIN.
Monsieur ie crains trop le trepas,
Permettés moy que ie m'en aille
GVILLOT.
Ie crains aussi cette canaille,

LA TOPINIERE.

Commençons par le Sieur Guillot
Et nous finirons par Ragot,

GVILLOT

Ragotin mettons nous en garde

RAGOTIN.

Moy Monsieur helas ie n'ay garde,

LA TOPINIERE.

Nous allons auancer nos iours

TARASQVIN.

Ie vays apeller au secours,

RAGOTIN

Monsieur ie vay crier à l'aide
Au meurtre, vn Diable nous possede,

LA TOPINIERE

Quelqu'vn, à la force, au voleur

❧❧❧❧❧❧❧❧ ❧ ❧ ❧❧

SCENNE XIII.

LE DOCTEVR

Qvi peut causer cette rumeur,

GVILLOT.

Ce drolle qui veut vostre fille
Mais il faut qu'icy ie l'estrille,

LA

LA TOPINIERE *par dessus*
le Docteur

Ce n'est rien qu'vn quoquin Monsieur

GVILLOT *par dessus le*
Docteur,

C'est vn archy faquin Docteur ,

LE DOCTEVR

La demonstration m'outrage
N'en faites donc pas dauantage,

LA TOPINIERE *par dessus*
le Docteur

Laissés moy luy couper les bras

GVILLOT *tout de mesme*

Ie vay mettre sa teste à bas ,

LE DOCTEVR *appellant à luy,*

On me moleste on m'outrecuide
Mes gens à moy l'on m'omiçide,

RAGOTIN.

Helas où nous fourerons nous

TARASQIN.

Nous alons auoir mille coups.

E

SCENNE XIV.

LEANDRE

Qvi fait ce bruit quel tintamare
Ah, vous aurés cent coups de barre,
Ie vous fracasseray les bras
Il parle aux Amans Ri-
dicules & les frape.
Les Galans Ridicules
s'enfuiant disent:
Que nous ne vous attendons pas,

LE DOCTEVR

Comme ils gagnent tous la guerite
Celuy qui les dobe est d'elite,

LEANDRE

Comment, estre perturbateurs
De ce grand Docteur des Docteurs,

LE DOCTEVR

Mais qui vange la mon offence

LEANDRE

Quoy s'adreſſer à la ſcience ,
O dieux qu'elle temerité

LE DOCTEVR

Vous que i'ay tantoſt rebuté,
M'auoir fait vne telle grace
Que faut il pour vous que ie face,

LEANDRE

M'acorder l'obiet de mes veux
Si vous voulés me rendre heureux,

LE DOCTEVR

Oüy ie vous l'acorde Leandre

LEANDRE

Tout vient à point qui peut attendre,
Monſieur - - - - -

LE DOCTEVR

Ma fille aprochés vous
Leandre ſera voſtre eſpoux ,

SCENNE derniere.

ANGELIQVE

O Ciel que ie ſuis fortunée

LE DOCTEVR

Allons conclure l'himenée.

FIN.